KB188300

텐스토리 영어 훈련소

파닉스가 아니라 **소리음가**가 정답입니다.

교재와 맞는 무료 동영상이 있습니다.
1일 1시간씩 10일이면 영어 읽기 완성
유튜브 채널 검색 **텐스토리 영어훈련소** 로
더욱 쉽고 빠르게 훈련 받으세요.

우리나라 아기들이 글이나 말을 배울 때에는 가나다라 한글부터 배우는 것이 아니라 부모님으로부터 실제 사용하는 언어부터 듣고 말하는 형식으로 배워나가며 자연스럽게 한글을 깨우치게 됩니다. 처음부터 한글을 배우기 방식으로 시작한다면 아이들은 흥미를 느끼지 못하게 되어 한글에 대한 어려움을 겪게 됩니다. 쉽게 접하고 자주 사용할 수 있는 한글과 그림을 통하여 아이들은 '엄마, 아빠 주세요' '사과' '강아지'를 배우듯 영어음가도 알파벳순서가 아닌 수시로 사용하는 것부터 기재하였습니다. 영어는 공부가 아니라 훈련이기 때문입니다.

1강

ㅂ, ㅋ, ㄷ, 받침이 없는 것은 바람소리로 소리를 내요.
(괄호) 안에 있는 것은 작은 소리로 해요.

에이 **Aa** 애 - 아	비 Bb (읍)ㅂ	씨 Cc ㅋ	디 Dd (읃)ㄷ	이이 **Ee** 에
에프 Ff ㅍ	쥐 Gg (윽)ㄱ	에이취 Hh ㅎ	아이 **Ii** 이	제이 Jj 쮀
케이 Kk ㅋ	엘 Ll (을)ㄹ	엠 Mm (음)ㅁ	엔 Nn (은)ㄴ	오우 **Oo** 어
피 Pp ㅍ	큐 Qq ㅋ(우)	알 Rr (우)뤄	에스 Ss ㅅ	티 Tt ㅌ
유 **Uu** 어	븨 Vv ㅂ	더블유 Ww 우	엑스 Xx 윽ㅅ	와이 Yy 이
지 Zz 즈				

Aa 애아	**Bb** (읍)ㅂ	**Cc** ㅋ
and ant apple	bag bat bed ban but big box bear bus	can cap cast cut cup cob cat
Dd (읃)ㄷ	**Ee** 에	**Ff** ㅍ
did dest dog dest	egg	fish fin fan
Gg (윽)ㄱ	**Hh** ㅎ	**Ii** 이
gam get gas gun	hat hell hot hut hug	ice ink
Jj 쮸	**Kk** ㅋ	**Ll** (을)ㄹ
jet jot jam joke	king kit	lion
Mm (음)ㅁ	**Nn** (은)ㄴ	**Oo** 어
mat mass must mop	nest name	octopus
Pp ㅍ	**Qq** (ㅋ)우	**Rr** (우)뤄
pig pan pin punch	queen	rain rabbit
Ss ㅅ	**Tt** ㅌ	**Uu** 어
sun say small	tiger	umbrella
Ww 우	**Xx** 윽ㅅ	**Yy** 이
witch	fox	yard
Zz ㅈ		
zebra		

Gg가 강한 소리 날 때	ga	go	gu
부드러운 소리 날 때	ge	gi	gy
Jj가 강한 소리 날 때	Ja	Jo	Ju
부드러운 소리 날 때	Je	Ji	Jy

대체로 a, o, u는 강한 소리를 만들며 e, i, y는 부드러운 소리를 내요.

cord	port	yard	
fork	mart	bird	hurt
herd	skirt	turn	

2강 복자음

C는 ㅋ, K도 ㅋ 소리 나지만 자음끼리 만나면 다른 소리가 나요.

ck	sh	ch	tch	nd
읔ㅋ	쉬	취	취	은ㄷ

ng	nk	th	wh
응	응ㅋ	드-뜨	우워

th
드-뜨　　　공기를 입에 물고

wh
우워　　　우를 3 : 7 정도 섞인 소리

chock	dish	punch	and
취 어 (읔)ㅋ	(은)ㄷ이 쉬	ㅍ어 (은)ㄴ취	애아 은ㄴ

bang	pink	catch	when
(읍)ㅂ애아 응	ㅍ이 응ㅋ	ㅋ애아 취	(우)워 에 (은)ㄴ

th=the	sh=she
드-뜨	쉬

hang	rang	sang	
wheel	whisper	when	which
lunch	much	rich	
sink	sunk	brink	bank
pitch	patch	match	
thin	think	than	them

3강   복자음

복자음끼리 만나면 조금 강한 소리 나요. [변하지 않는 소리]

sm	sn	st	sw
ㅅㅁ	ㅅㄴ	ㅅㄸ	ㅅ우워

sc	sk	sp	sl
ㅅㄲ	ㅅㄲ	스빠	슬르

bl br	cl cr	fl fr	gl gr	pl pr
블르~	클르~	플르~	글르~	플르~

dr	tr
쥬르	츄르

smash	snack	stand	swim
ㅅㅁ애아쉬	ㅅㄴ애아(윽)ㅋ	ㅅㄸ애아은ㄷ	ㅅ우워이(음)

scut	skin	spun
ㅅㄲ어ㅌ	ㅅㄲ이(은)ㄴ	ㅅ빠어(은)ㄴ

blank	clam	flag
블르애아응ㅋ	클르애아(음)ㅁ	플르애아(윽)ㅋ

brand	crush	frug	glad
블르애아은ㄷ	클르어쉬	플르어(우)ㄱ	글르애아(은)ㄷ

ss	ee	pp

같은 스펠링이 두 개 있으면 길게 해 주세요

grass	plant	print	slim	drink	tram
글르애아ㅅ~	플르애아(은)ㄴㅌ	플르이(은)ㄴㅌ	슬르이(음)ㅁ	쥬르이응ㅋ	츄르애아(음)ㅁ

4강 단모음과 장모음

a e i o u
에이 이 아이 오 유

단모음		장모음
bit (읍)ㅂ이ㅌ	–	bite (읍)ㅂ아이ㅌ
cod ㅋ어(읃)ㄷ	–	code ㅋ오(읃)ㄷ
hat ㅎ애아ㅌ	–	hate ㅎ애아ㅌ
cub ㅋ어(읍)ㅂ	–	cube ㅋ유(읍)ㅂ
man (음)ㅁ애아은ㄴ	–	mane (음)ㅁ애아은ㄴ
ti ㅌ이	–	tie ㅌ아이
can ㅋ애아(은)ㄴ	–	cam ㅋ애아
hid ㅎ이ㄷ	–	hide ㅎ아이(읃)ㄷ

단어 끝에 e 가 있으면 e는 소리가 안 나고, e 앞의 a, e, i, o, u는 장모음 소리가 나요.

a   e   i   o   u+r = 어얼~

ar = er = ir = or = ur = 어얼~

혀를 처음부터 말아서 입천장에 닿지 않게 소리를 내요.

far   car   sir   nor   fur
ㅍ어얼   ㅋ어얼   ㅅ어얼   (은)ㄴ어얼   ㅍ어얼

이제 소리를 조합해서 읽기 도전해 보세요.

cord   port   yard
fork   mart   bird   hurt
herd   skirt   turn

쌍둥이글 (혀를 입천장에 붙이지 않아요)

all = al   eer = ear   ee = ea
오올-어올   이이얼   이이
중간발음

all 오올과 어올의 사이발음 al

ball   tall   call   stall   fall
wall   fall   gall   small
also   salt   bald   malt
already

12

eer = ear

이이얼   입천장에 붙이면 안 돼요.

beer	tear	near	deer	hear
year	cheer	clear	fear	

air = are

에얼   입천장에 혀 붙이지 않아요.

hair	bare	chair	care	spare
fair	fare	stair	share	mare

C ㅋ발음 나지만 C뒤에 ce ci cy가 오면 C는 쌍시옷 발음이 나요.

ce 쌍시옷발음

chance	face	mince	nice	fence
prince	dance	space	slice	

cy 쌍시옷발음

cyder	cycle	cycling	cyclone

ci 쌍시옷발음

pencil	cider	acid	cinder

입을 넓게 옆으로 벌려서 이~ 길게 해요.

ee

bee	need	jeep	keen	meet	beef	tree
keep	feel	wee	sheep	sheet	free	seed

ea

tea	reach	teach	clean	read	seat	seal
cheap	beach	heaf	leave	each	beach	beat

ai

mail	paint	nail	mail	rain	wait	tail
train	maid	pain				

ay

pay	stay	hay	clay	way	play	tray
say	stay	ray	spray	gray	day	

oi

oil	point	soin	boil	coin

oy

enjoy	boy	toy	oyster	joy	roy

5강

ing   old   ind   ild   olt   ost

잉   오올드   아인드   아일드   오우트   오우스트

혀를 말아서 입천장 붙이기 전에 떼기

old
오올드   cold   hold   gold   sold

oll
올   roll   toll   boll

olt
오우트   bolt   colt   volt

ost
오우스트   most   host   ghost

y가 '이'발음. 두 음절 끝이나 처음 나올 때 '이' 발음

yard
이어얼(은)ㄷ

baby   candy   daddy   lukcy   windy

y가 한 음절 끝에 있으면 y가 '아이' 발음이 나요.

fry
플르아이

my
(음)ㅁ아이

sky
ㅅㄲ아이

by
(읍)ㅂ아이

why   spy   cry   sly   dry

try   shy

y앞에 I이 있으면 y가 '리' 발음이 나요. 또 형용사일 때 대부분 '리'ly로 읽어요.

daily
(은)에아이리

happily   hungrily   kindly   noisily

tion 앞의 a는 대부분 '애이' 소리가 나요.

tion   sion   cian
셔   셔   셔

musician   naviagation   mission   addition
vacation   expression   information

ie가 단어 끝에 있으면 '아이' 발음이 나요.

die   lie   pie   tie

ie가 단어 중간에 있으면 '이이' 발음이 나요.

brief   chief   believe
relieve   niece   grief

6강　　묵음 (소리가 없어요)

묵음 앞의 a, e, l, o, u는 대부분 장모음 소리가 나요.
파란색 부분은 읽지 않아요.

gh　light　flight　bright　sigh
　　(을) 르아이트　플르아이트　블라이트　ㅅ아이

kn　knee　know　knock
　　(은) ㄴ ~ 이아 ~　(은) ㄴ어우　(은) ㄴ오윽ㅋ

앞 강의를 참고하여 읽어보세요.

wrick　wring　wrest　wrist
climb　comb　dumb　thumb
often　hasten　listen
design　gnash　gnat
debt　doubt　cupboard

7강

aw = au	ew = ue
어우-어어 섞인 음	의우
7 : 3	

ou	ow	oa	ow	oe
아우-어우 섞인 음		오-우		
7 : 3				

t가 모음과 모음 사이에 있으면 'ㄹ' 발음 나요.
하지만 'ㅌ'로 발음해도 알아들어요.

auto
어우ㅌ어

e모음 앞에 s가 있을 때 '즈' 라고 읽어요.

cause
ㅋ 어우즈

aw=au
어우-어어 섞인 음

pause	caught	taught	because
saw	jaw	straw	braw

ew=ue
의우

chew	now	new	pow	few	stew
blue	true	glue	flue	clue	

ou ow
아우-어우 섞인 음

our sour shout aout round
owl power bow how cow

oa ow oe
오-우

boat coat goat roat
bowl bow pillow window
toes woe goes hoe

복모음

oo
복모음   의우-우우 사잇소리가 남

goose moon roof spoon room
zoo coo tooth soon choose

oo
의-어

foot hook cook look cood
wool cood

ge
쥐

age stage change

ing = a e i o u 모음

단어 끝에 모음과 자음이 있을 땐 끝에 있는 자음 하나 추가하고 그대로 읽어요.
pp, tt 자음이 두 개면 소리가 변하지 않아요.

b i t   bit → bitting
모음 자음   (읍)브이트   (읍)브이트~잉

get → betting │ hit → hitting │ bite → biting
                                     (읍)브아이트   (읍)브아이트잉

drive → driving │ ride → riding

즉 자음이 ing 앞에 두 개면 그대로 읽고 자음이 하나면 e가 있었다는 뜻이므로,
장모음으로 읽어요.

slide → sliding │ hope → hoping │ smile → smiling

❖ 단, x, w, y로 끝나는 동사들에는 모음 자음이 있어도, 그냥 ing만 붙이며 변하지 않음.

fly → flying

sing → singing │ clean → cleaning │ help → helping
pick → picking │ jump → jumping │ tell → telling

현재진행형 ing와 ed 과거형의 법칙은 같다.

8강 과거ed와 ing의 법칙은 같음.

무성음 < 성대가 안 울리면 ㅌ, t에 가까운 소리 나요.

bak**ed**   jump**ed**   mark**ed**
ㄷ   ㄷ   ㄷ

box**ed**   look**ed**   stopp**ed**
ㄷ   ㄷ   ㄷ

t,e, 로 끝나거나 소리가 힘든 건 id로 읽어요.

note → not**ed**   skid → skidd**ed**   act → act**ed**
       이드   이드   이드

list → list**ed**   add → add**ed**
       이드   이드

자음 두 개로 끝나도 id로 읽어요.

print → print**ed**   count → count**ed**
        이드   이드

rest → rest**ed**   wind → wind**ed**
       이드   이드

ed를 붙였을 때 성대가 울리면 ㄷ, d 로 읽어요.

kill → kill**ed**   play → play**ed**

coll**ed**   stay**ed**   join**ed**   aim**ed**   dream**ed**

ed 앞에 같은 자음 두 개가 있으면 [stopped] 그대로 읽고
ed 앞에 자음이 하나이면 e가 있었다는 뜻이므로 a e i o u 장모음으로 읽어요. [baked]

9강

ful ought
프로올   어우   ㅌ

gh가 묶음이지만 ㅍ발음으로 나는 단어도 있어요.

ph=gh

t가 모음과 모음 사이에 있으면 ㅌ보다 ㄹ발음을 더 내요.

enough
이(은)ㄸ어우 ㅍ

telephone
ㅌ에(을)에 ㅍ 오(은)ㄴ

photograph
ㅍ 어 ㅌ어 글ㄹ애아 ㅍ
오 ㄹ오

far   → afar
a가 강한 소리 앞에 있으면 단모음도, 장모음도 아닌 '어' 소리가 나요.

wake → awake	side → aside	sleep → asleep
head → ahead	woke → awoke	

ful
포올

혀를 입 천장에 붙이지 않아요

thankful   careful   colorful   powerful
useful   playful   painful

a가 혼자 있을 때도 '어' 소리가 나요.

a가 끝에 있으면 '아' 소리가 많이 나요.

i는 혼자 있을 때 '아이' 소리가 나요.

10강   이외의 소리와 추가 보충

b**ough**t   th**ough**t   br**ough**t   s**ough**t

ox   cello
윽스   첼로

le, e앞에 l이 있으면 '을'소리가 나며 앞에 장모음이 있어도 a e i o u 소리는 변하지 않아요.

cand**le**   bott**le**   circ**le**   ang**le**   samp**le**
litt**le**   sing**le**   midd**le**   twink**le**

이외의 소리와 추가 보충

eye   ce**ll**   →   cello   eras**er**
아이스   씨에(을)ㄹ   첼 오   이(을)ㄹ에이스어

외로운 소리 음가

be   me   we   she   he   so   go   no
비~   (음)ㅁ   위~   쉬~   히~   ㅅ오   ㄱ오   ㄴ오

less   →   lis
          리쓰

mother**less**   sound**less**   color**less**
power**less**   voice**less**   home**less**

꼭 기억하세요.

u가 i앞에 있으면, [ui] u는 '으' 소리가나요

l이 한 개이면 [을]ㄹ이지만

l이 두 개이면 [을]ㄹ~

s   ss   ee   ff   tt   dd   pp
ㅅ   ㅅ   이~   ㅍ   ㅌ   ㄷ   ㅍ

이처럼 길게 소리 내요.

❖ i가 u뒤에 있으면 u는 '우'소리가 아니고 '으' 소리가 나요.
❖ e가 단어 끝에 있으면 e 앞의 단모음은 장모음 소리가 나요.

11강

가	ga	각	gak	간	gan	갈	gal	감	gam
갑	gap	갓	gat	강	gang	개	gae	객	gaek
거	geo	건	geon	걸	geol	검	geom	겁	geop
게	ge	겨	gyeo	격	gyeok	견	gyeon	결	gyeol
겸	gyeom	겹	gyeop	경	gyeong	계	gye	고	go
곡	gok	곤	gon	골	gol	곳	got	공	gong
곶	got	과	gwa	곽	gwak	괌	gwan	괄	gwal
광	gwang	괘	gwae	괴	goe	굉	goeng	교	gyo
구	gu	국	guk	군	gun	굴	gul	굿	gut
궁	gung	권	gwon	궐	gwol	귀	gwi	규	gyu
균	gyun	귤	gyul	그	geu	극	geuk	근	geun
글	geul	금	geum	급	geup	긍	geung	기	gi-ki
긴	gin	길	gil	김	gim	까	kka	깨	kkae
꼬	kko	꼭	kkok	꽃	kkot	꾀	kkoe	꾸	kku
꿈	kkum	끌	kkeut	끼	kki				

나	na	낙	nak						
난	nan	날	nal	남	nam	납	nap	낭	nang
내	nae	냉	naeng	너	neo	널	neol	네	ne
녀	nyeo	녁	nyeok	년	nyeon	념	nyeom	녕	nyeong
노	no-noh	녹	nok	논	non	놀	nol	농	nong
뇌	noe	누	nu	눈	nun	눌	nul	느	neu
늑	neuk	늠	neum	능	neung	늬	nui	니	ni-ny
닉	nik	닌	nin	닐	nil	님	nim		

다	da								
단	dan	달	dal	담	dam	답	dap	당	dang
대	dae	댁	daek	더	deo	덕	deok	도	do
독	dok	돈	don	돌	dol	동	dong	돼	dwae
되	doe	된	doen	두	du	둑	duk	둔	dun
뒤	dwi	드	deu	득	deuk	들	deul	등	deung
디	di. dee	따	tta	땅	ttang	때	ttae	또	tto
뚜	ttu	뚝	ttuk	뜨	tteu	띠	tti		

라	ra								
락	rak	란	ran	람	ram	랑	rang	래	rae
랭	raeng	량	ryang	렁	reong	레	re	려	ryeo
력	ryeok	련	ryeon	렬	ryeol	렴	ryeom	렵	ryeop
령	ryeong	례	rye	로	ro	록	rok	론	ron
롱	rong	뢰	roe	료	ryo	룡	ryong	루	ru
류	ryu	륙	ryuk	륜	ryun	률	ryul	륭	ryung
르	reu	륵	reuk	른	reun	름	reum	릉	reung
리	ri.ree	린	rin	림	rim	립	rip		

마	ma								
막	mak	만	man	말	mal	망	mang	매	mae
맥	maek	맨	maen	맹	maeng	머	meo	먹	meok
메	me	며	myeo	멱	myeok	면	myeon	멸	myeol
명	myeong	모	mo	목	mok	몰	mol	못	mot
몽	mong	뫼	moe	묘	myo	무	mu	묵	muk
문	mun	물	mul	므	meu	미	mi.me	민	min
밀	mil								

바	ba	박	bak	반	ban	발	bal		
밥	bap	방	bang	배	bae	백	baek	뱀	baem
버	beo	번	beon	벌	beol	범	beom	법	beop
벼	byeo	벽	byeok	변	byeon	별	byeol	병	byeong
보	bo	복	bok	본	bon	봉	bong	부	bu
북	buk	분	bun	불	bul	붕	bung	비	bi.be
빈	bin	빌	bil	빔	bim	빙	bing	빠	ppa
빼	ppae	뻐	ppeo	뽀	ppo	뿌	ppu	쁘	ppeu
삐	ppi								

사	sa	삭	sak	산	san	살	sal		
삼	sam	삽	sap	상	sang	샅	sat	새	sae
색	saek	생	saeng	서	seo	석	seok	선	seon
설	seol	섬	seom	섭	seop	성	seong	세	se
셔	syeo	소	so	속	sok	손	son	솔	sol
솟	sot	송	song	쇄	swae	쇠	soe	수	su
숙	suk	순	sun	술	sul	숨	sum	숭	sung
쉬	swi	스	seu	슬	seul	습	seum	습	seup
승	seung	시	si	식	sik	신	sin	실	sil
심	sim	십	sip	싱	sing	싸	ssa	쌍	ssang
쌔	ssae	쏘	sso	쑥	ssuk	씨	ssi		

아	a								
악	ak	안	an	알	al	암	am	압	ap
앙	ang	앞	ap	애	ae	액	aek	앵	aeng
야	ya	약	yak	얀	yan	양	yang	어	eo
억	eok	언	eon	얼	eol	엄	eom	업	eop
에	e	여	yeo	역	yeok	연	yeon	열	yeol
염	yeom	엽	yeop	영	yeong	예	ye	오	o

옥	ok	온	on	올	ol	옴	om	옹	ong
와	wa	완	wan	왈	wal	왕	wang	왜	wae
외	oe	왼	oen	요	yo	욕	yok	용	yong
우	u	욱	uk	운	un	울	ul	움	um
웅	ung	워	wo	원	won	월	wol	위	wi
유	yu	육	yuk	윤	yun	율	yul	융	yung
윷	yut	으	eu	은	eun	을	eul	음	eum
읍	eup	응	eung	의	ui	이	i	익	ik
인	in	일	il	임	im	입	ip	잉	ing

자	ja	작	jak	잔	jan	잠	jam	잡	jap
장	jang	재	jae	쟁	jaeng	저	jeo	적	jeok
전	jeon	절	jeol	점	jeom	접	jeop	정	jeong
제	je	조	jo	족	jok	존	jon	졸	jol
종	jong	좌	jwa	죄	joe	주	ju	죽	juk
준	jun	줄	jul	중	jung	쥐	jwi	즈	jeu
즉	jeuk	즐	jeul	즘	jeum	즙	jeup	증	jeung
지	ji	직	jik	진	jin	질	jil	짐	jim
집	jip	징	jing	짜	jja	째	jjae	쪼	jjo
찌	jji								

차	cha	착	chak	찬	chan	찰	chal		
참	cham	창	chang	채	chae	책	chaek	처	cheo
척	cheok	천	cheon	철	cheol	첨	cheom	첩	cheop
청	cheong	체	che	초	cho	촉	chok	촌	chon
총	chong	최	choe	추	chu	축	chuk	춘	chun
출	chul	춤	chum	충	chung	측	cheuk	층	cheung
치	chi	칙	chik	친	chin	칠	chil	침	chim
칩	chip	칭	ching						

카	ka	쾌	kwae	크	keu	큰	keun	키	ki
코	ko								

타	ta	탁	tak	탄	tan				
탈	tal	탐	tam	탑	tap	탕	tang	태	tae
택	taek	탱	taeng	터	teo	테	te	토	to
톤	ton	톨	tol	통	tong	퇴	toe	투	tu
퉁	tung	튀	twi	트	teu	특	teuk	틈	teum
티	ti								

파	pa	판	pan	팔	pal	패	pae		
팽	paeng	퍼	peo	페	pe	펴	pyeo	편	pyeon
펌	pyeom	평	pyeong	폐	pye	포	po	폭	pok
표	pyo	푸	pu	품	pum	풍	pung	프	peu
피	pi	픽	pik	필	pil	핍	pip		

하	ha								
학	hak	한	han	할	hal	함	ham	합	hap
항	hang	해	hae	핵	haek	행	haeng	향	hyang
허	heo	헌	heon	험	heom	헤	he	혀	hyeo
혁	hyeok	현	hyeon	혈	hyeol	혐	hyeom	협	hyeop
형	hyeong	혜	hye	호	ho	혹	hok	혼	hon
홀	hol	홉	hop	홍	hong	화	hwa	확	hwak
환	hwan	활	hwal	황	hwang	홰	hwae	햇	hwaet
회	hoe	획	hoek	횡	hoeng	효	hyo	후	hu
훈	hun	원	hwon	훼	hwe	휘	hwi	휴	hyu
휼	hyul	흉	hyung	흐	heu	흑	heuk	흔	heun
홀	heul	흠	heum	흡	heup	흥	heung	희	he.hee
흰	huin	히	hi	힘	him				

a 아	ya 야	eo 어	yeo 여	o 오	yo 요	u 우	yu 유	eu 으	i 이
a ㅏ	ya ㅑ	eo ㅓ	yeo ㅕ	o ㅗ	yo ㅛ	u ㅜ	yu ㅠ	eu ㅡ	i ㅣ
ga 가	gya 갸	geo 거	gyeo 겨	go 고	gyo 교	gu 구	gyu 규	geu 그	gi 기
na 나	nya 냐	neo 너	nyeo 녀	no 노	nyo 뇨	nu 누	nyu 뉴	neu 느	ni 니
da 다	dya 댜	deo 더	dyeo 뎌	do 도	dyo 됴	du 두	dyu 듀	deu 드	di 디
ra 라	rya 랴	reo 러	ryeo 려	ro 로	ryo 료	ru 루	ryu 류	reu 르	ri 리
ma 마	mya 먀	meo 머	myeo 며	mo 모	myo 묘	mu 무	myu 뮤	meu 므	mi 미
ba 바	bya 뱌	beo 버	byeo 벼	bo 보	byo 뵤	bu 부	byu 뷰	beu 브	bi 비
sa 사	sya 샤	seo 서	syeo 셔	so 소	syo 쇼	su 수	syu 슈	seu 스	si 시
a 아	ya 야	eo 어	yeo 여	o 오	yo 요	u 우	yu 유	eu 으	i 이
ja 자	jya 쟈	jeo 저	jyeo 져	jo 조	jyo 죠	ju 주	jyu 쥬	jeu 즈	ji 지
cha 차	chya 챠	cheo 처	chyeo 쳐	cho 초	chyo 쵸	chu 추	chyu 츄	cheu 츠	chi 치
ka 카	kya 캬	keo 커	kyeo 켜	ko 코	kyo 쿄	ku 쿠	kyu 큐	keu 크	ki 키
ta 타	tya 탸	teo 터	tyeo 텨	to 토	tyo 툐	tu 투	tyu 튜	teu 트	ti 티
pa 파	pya 퍄	peo 퍼	pyeo 펴	po 포	pyo 표	pu 푸	pyu 퓨	peu 프	pi 피
ha 하	hya 햐	heo 허	hyeo 혀	ho 호	hyo 효	hu 후	hyu 휴	heu 흐	hi 히

텐스토리 영어 훈련소
파닉스가 아니고 소리음가다

지 은 이 노데이지

1판 1쇄 발행 2020년 01월 01일

발 행 처 하움출판사
발 행 인 문현광
교정교열 홍새솔
편   집 조다영
주   소 전라북도 군산시 축동안3길 20, 2층(수송동)
I S B N 979-11-6440-095-9

홈페이지 http://haum.kr/
이 메 일 haum1000@naver.com

좋은 책을 만들겠습니다.
하움출판사는 독자 여러분의 의견에 항상 귀 기울이고 있습니다.